Y0-EHD-655

MERCURIO

Alexis Roumanis

Huntington City Township
Public Library
WITHDRAWN
255 West Park Drive
Huntington, IN 46750
www.huntingtonpub.lib.in.us

www.av2books.com

Visita nuestro sitio www.av2books.com e ingresa el código único del libro.
Go to www.av2books.com, and enter this book's unique code.

CÓDIGO DEL LIBRO
BOOK CODE

A422874

AV² de Weigl te ofrece enriquecidos libros electrónicos que favorecen el aprendizaje activo.
AV² by Weigl brings you media enhanced books that support active learning.

El enriquecido libro electrónico AV² te ofrece una experiencia bilingüe completa entre el inglés y el español para aprender el vocabulario de los dos idiomas.
This AV² media enhanced book gives you a fully bilingual experience between English and Spanish to learn the vocabulary of both languages.

Spanish

English

Navegación bilingüe AV²
AV² Bilingual Navigation

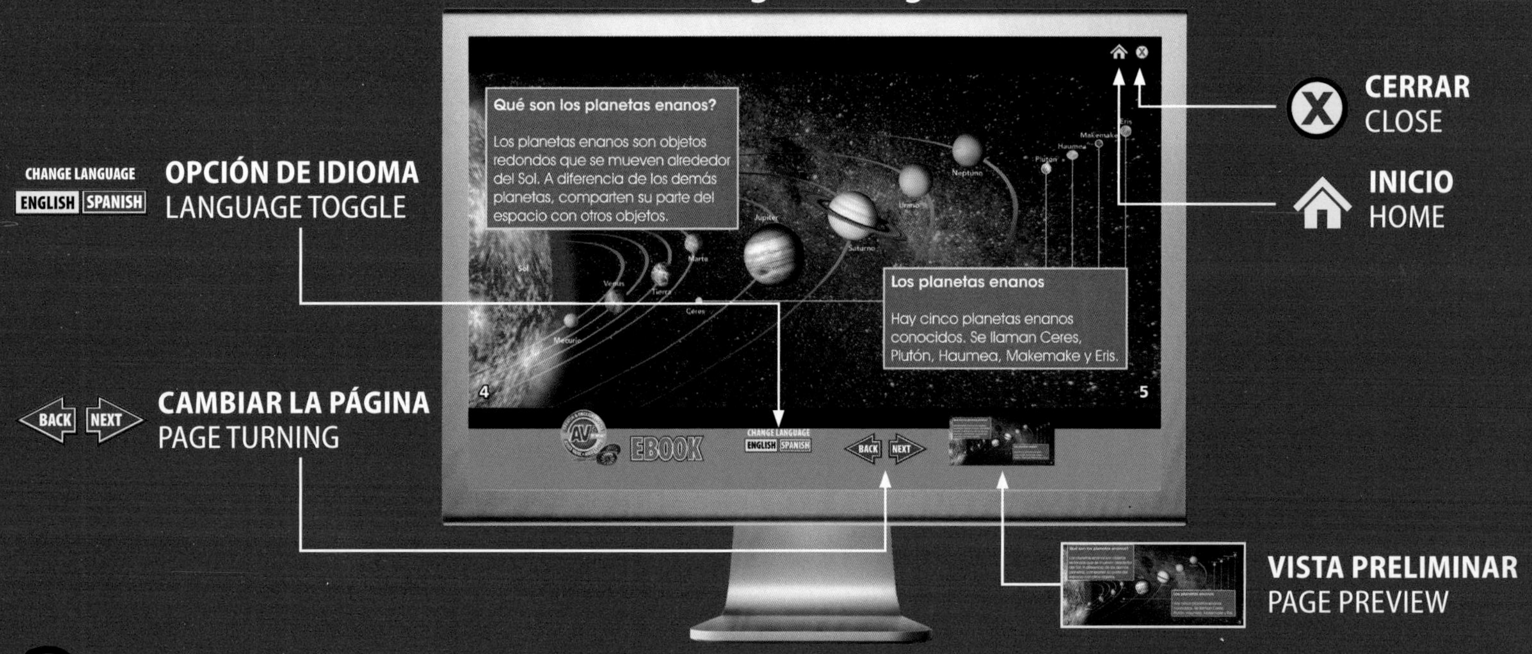

Copyright ©2017 AV² de Weigl. Library of Congress Cataloging-in-Publication Data se encuentra en la página 24.
Copyright ©2017 AV² by Weigl. Library of Congress Cataloging-in-Publication Data is located on page 24.

MERCURIO

ÍNDICE

¿Qué es Mercurio?

Mercurio es un planeta que se mueve alrededor del Sol. Mercurio es el planeta más cercano al Sol.

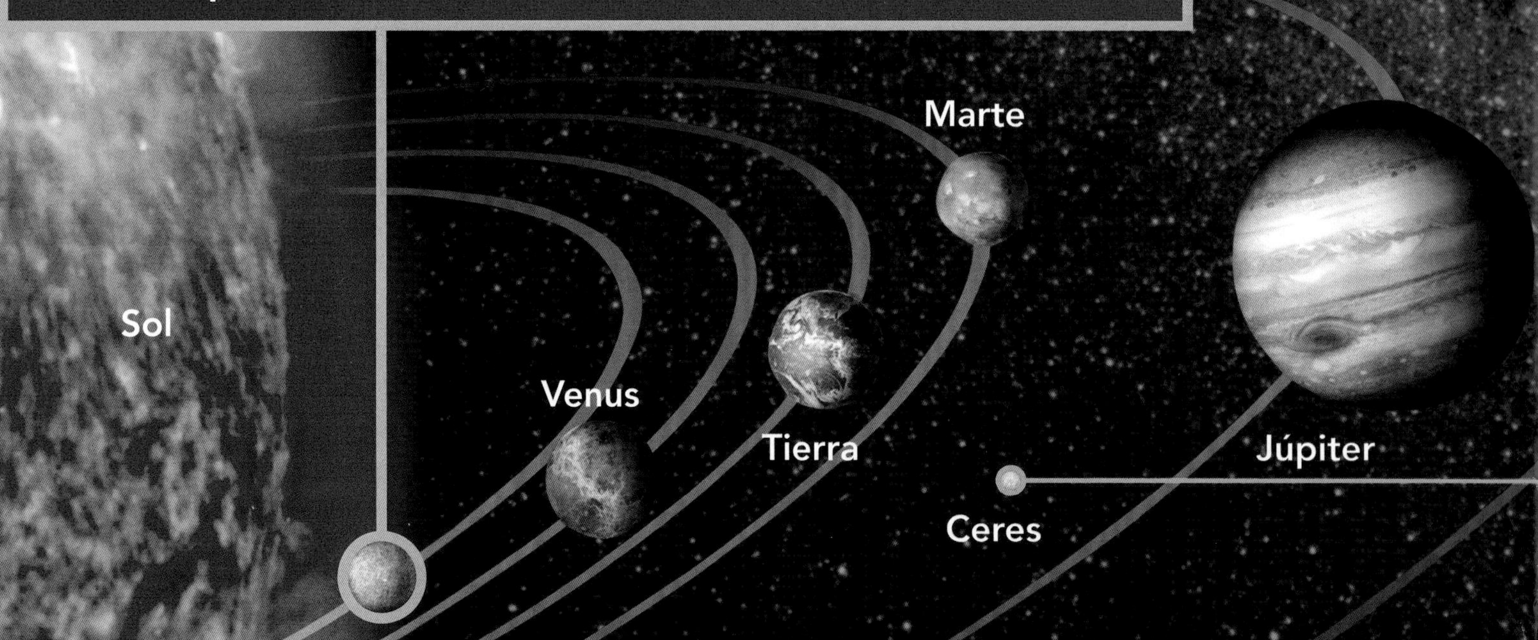

Los planetas enanos

Los planetas enanos son objetos redondos que se mueven alrededor del Sol. A diferencia de los demás planetas, comparten su parte del espacio con otros objetos.

¿Qué tamaño tiene Mercurio?

Mercurio es el planeta más pequeño del sistema solar. Mide un tercio del ancho de la Tierra.

Mercurio
Tierra

¿De qué está hecho Mercurio?

Mercurio es un planeta rocoso compuesto principalmente por hierro. Por eso, es muy pesado.

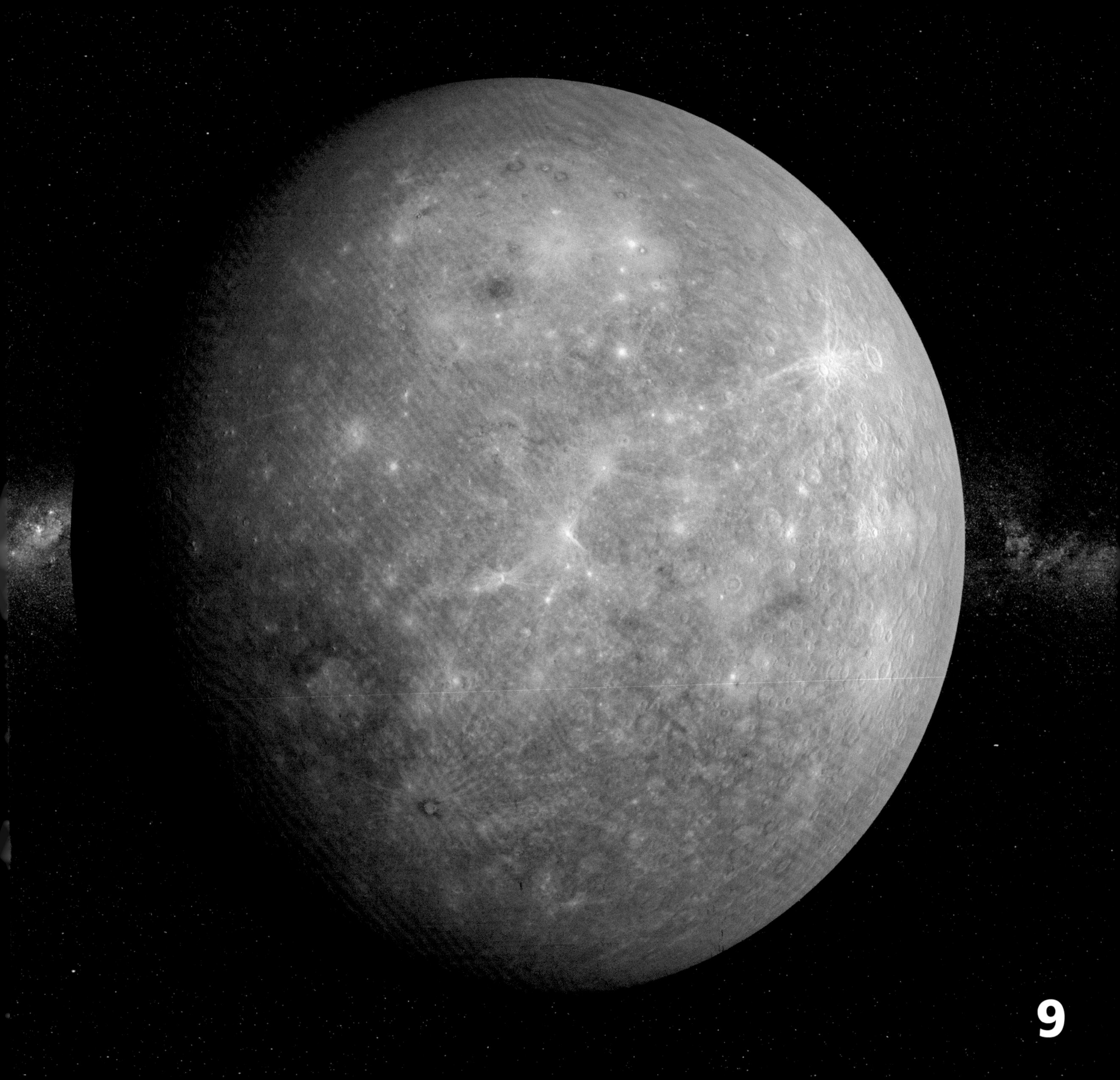

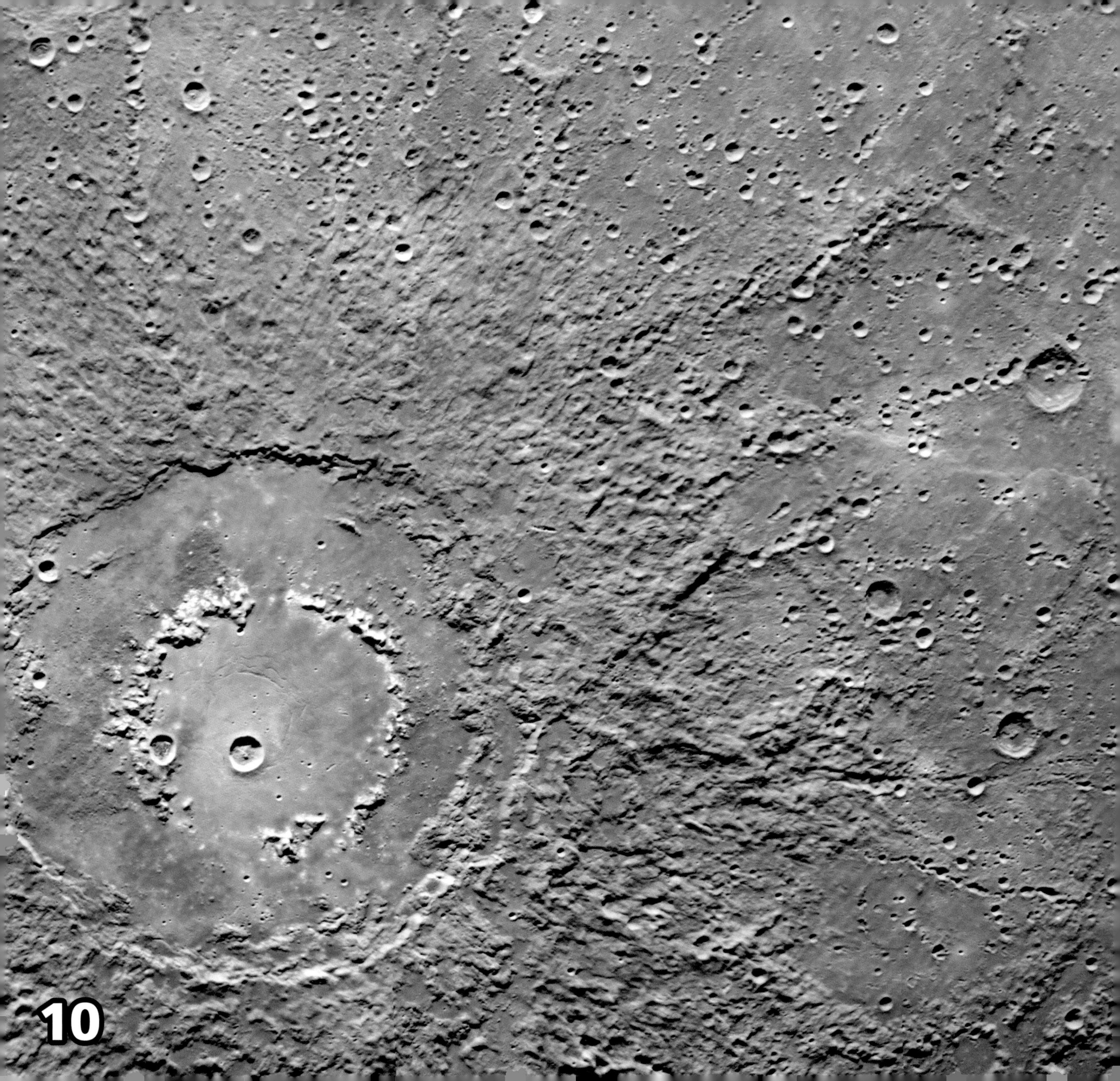
10

¿Qué aspecto tiene Mercurio?

Mercurio se parece a la luna de la Tierra. La superficie de Mercurio está cubierta de agujeros llamados cráteres. Algunos de estos cráteres fueron hechos por meteoritos que golpearon al planeta.

¿Qué es la Cuenca de Caloris?

La Cuenca de Caloris es un gran cráter sobre la superficie de Mercurio. Mide casi un tercio del largo de los Estados Unidos. La Cuenca de Caloris se formó hace billones de años.

Mercurio
Venus

La luna perdida de Mercurio

Mercurio no tiene lunas. Junto con Venus, son los dos únicos planetas que no tienen lunas. Mercurio pudo haber sido alguna vez la luna de Venus.

Huntington City Township
Public Library
255 West Park Drive
Huntington, IN 46750
www.huntingtonpub.lib.in.us

¿Quién estudió por primera vez a Mercurio?

La primera persona en estudiar a Mercurio fue Giovanni. El observaba al planeta con un telescopio.

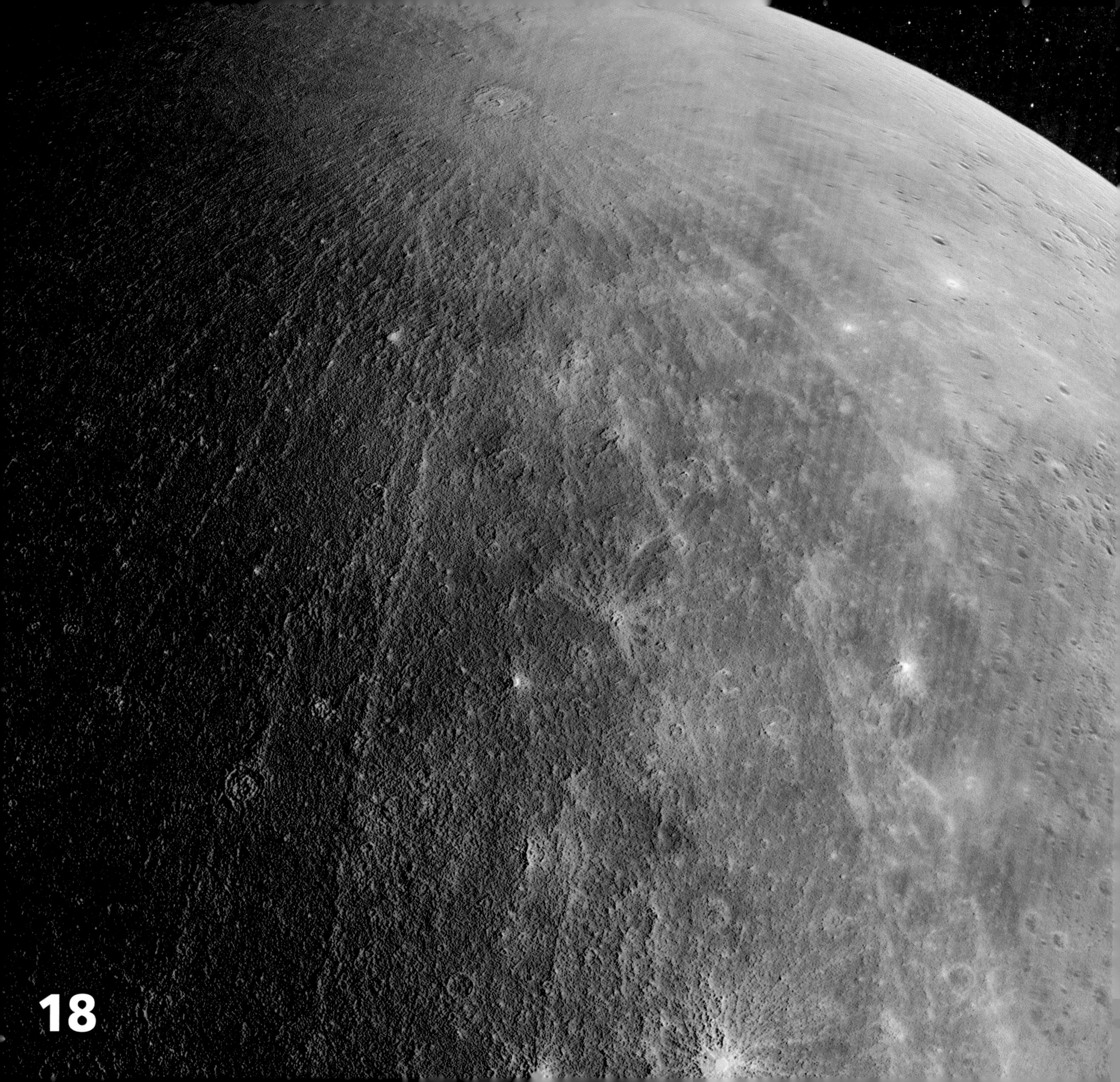
18

¿En qué se diferencia Mercurio de la Tierra?

Cada planeta tiene una temperatura diferente. Mercurio es mucho más caluroso que la Tierra. Es uno de los planetas más calurosos del sistema solar.

¿Cómo tenemos información sobre Mercurio hoy?

Los científicos envían al espacio vehículos llamados sondas para estudiar el sistema solar. En 2016, se lanzará una sonda llamada *BepiColombo*. Tardará casi ocho años en llegar a Mercurio.

DATOS SOBRE MERCURIO

Estas páginas contienen más detalles sobre los interesantes datos de este libro. Están dirigidas a los adultos, como soporte, para que ayuden a los jóvenes lectores a redondear sus conocimientos sobre cada planeta presentado en la serie *Los planetas*.

Páginas 4–5

Mercurio es un planeta. Los planetas son objetos redondos que se mueven, u orbitan, alrededor de una estrella y tienen la suficiente masa para limpiar a los objetos más pequeños de sus órbitas. El sistema solar de la Tierra tiene ocho planetas, cuatro planetas enanos conocidos y muchos otros objetos espaciales que orbitan alrededor del Sol. Mercurio está a 36 millones de millas (58 millones de kilómetros) del Sol. Mercurio tarda 88 días terrestres en orbitar alrededor del Sol.

Páginas 6–7

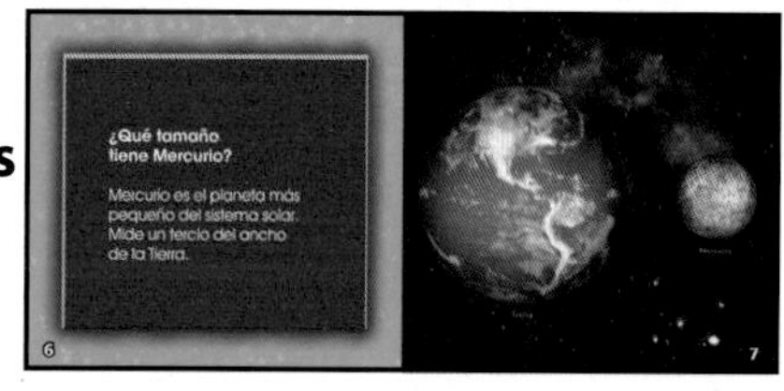

Mercurio es el planeta más pequeño del sistema solar. Hay dos lunas del sistema solar que son más grandes que Mercurio. La luna de Júpiter, Ganímedes, y la luna de Saturno, Titán, son más grandes que el planeta. La gravedad es una fuerza que atrae a los objetos hacia el centro de un planeta. La fuerza de gravedad de Mercurio es menor que la de la Tierra. Un objeto terrestre de 100 libras (45 kilogramos) pesaría 38 libras (17 kg) en Mercurio.

Páginas 8–9

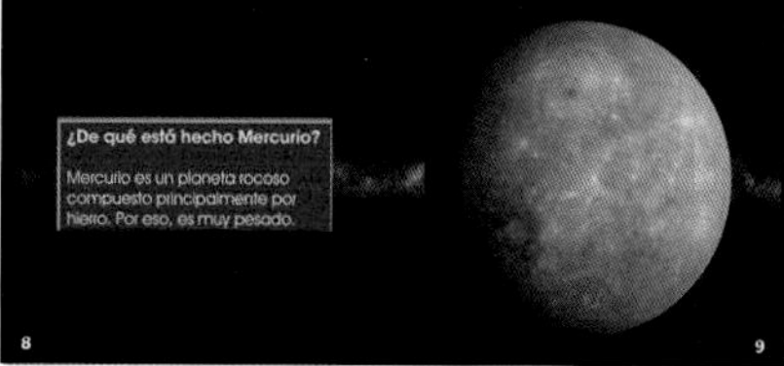

Mercurio es un planeta rocoso. El centro, o núcleo, de Mercurio ocupa el 75 por ciento del planeta. Este núcleo está formado por hierro líquido y fundido. La capa exterior del Mercurio se llama corteza. Tiene unas 250 millas (400 km) de espesor. El planeta está compuesto por una gran cantidad de potasio y azufre.

Páginas 10–11

Mercurio se parece a la luna de la Tierra. Desde el espacio, Mercurio se ve gris con muchos cráteres. Los cráteres de Mercurio se formaron por el impacto de asteroides, cometas y meteoritos. También tiene grandes acantilados de hasta 1 milla (1,6 km) de altura. Estos acantilados se formaron porque el interior de Mercurio se fue enfriando y contrayendo con el paso del tiempo.

Páginas 12–13

La Cuenca de Caloris es un gran cráter sobre la superficie de Mercurio. Fue descubierta por la sonda espacial *Mariner 10* en 1974. La Cuenca de Caloris cubre un diámetro de aproximadamente 960 millas (1.550 km). Es una de las cuencas de impacto más grandes del sistema solar. Los expertos creen que la fuerza del impacto dio origen a un anillo de montañas de unas 2 millas (3 km) de altura alrededor del cráter.

Páginas 14–15

Mercurio no tiene lunas. Algunos científicos creen que Mercurio pudo haber sido alguna vez la luna de Venus, pero se apartó de su órbita. Esto explicaría por qué ninguno de estos dos planetas tiene luna. Además, pudo haber sido difícil que la débil fuerza gravitacional de Mercurio atrajera a una luna.

Páginas 16–17

La primera persona en estudiar a Mercurio fue Giovanni. Muchas civilizaciones antiguas observaban al planeta. Los antiguos griegos creían que Mercurio eran dos objetos diferentes a los que llamaron Apolo y Hermes. Recién después de que Giovanni Schiaparelli comenzara a estudiar a Mercurio, en el 1800, se creó un mapa detallado del planeta. Una cadena de montañas de Mercurio recibió el nombre de Schiaparelli en 1976.

Páginas 18–19

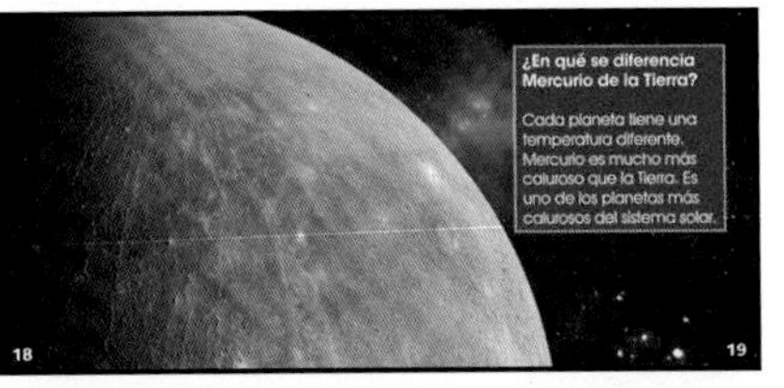

Cada planeta tiene una temperatura diferente. La temperatura promedio de Mercurio es de 332° Fahrenheit (167° Celsius). En la Tierra, la temperatura promedio es de 46°F (8°C). El único planeta más caluroso que Mercurio es Venus. La atmósfera son gases que rodean a un planeta. Como Mercurio está tan cerca del Sol, no tiene atmósfera. Venus tiene una atmósfera densa que ayuda a conservar el calor.

Páginas 20–21

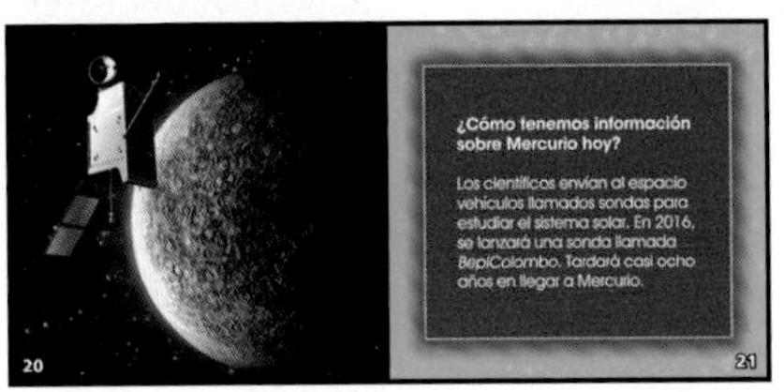

Los científicos envían al espacio vehículos llamados sondas para estudiar el sistema solar. La sonda *BepiColombo* fue creada por la Agencia Espacial Europea y la Agencia de Exploración Aeroespacial Japonesa. Se lanzará en julio de 2016 y arribará a la órbita de Mercurio en enero de 2024. Entre otras cosas, la *BepiColombo* estudiará la estructura, composición y orígenes de Mercurio.

¡Visita www.av2books.com para disfrutar de tu libro interactivo de inglés y español!

Check out www.av2books.com for your interactive English and Spanish ebook!

1. **Entra en www.av2books.com**
   Go to www.av2books.com

2. **Ingresa tu código**
   Enter book code

   A422874

3. **¡Alimenta tu imaginación en línea!**
   Fuel your imagination online!

www.av2books.com

Published by AV² by Weigl
350 5th Avenue, 59th Floor
New York, NY 10118
Website: www.av2books.com

Copyright ©2017 AV² by Weigl
All rights reserved. No part of this publication may be reproduced, stored in a retrieval system, or transmitted in any form or by any means, electronic, mechanical, photocopying, recording, or otherwise, without the prior written permission of the publisher.

Library of Congress Control Number: 2015954039

ISBN 978-1-4896-4446-6 (hardcover)
ISBN 978-1-4896-4448-0 (multi-user eBook)

Printed in the United States of America in Brainerd, Minnesota
1 2 3 4 5 6 7 8 9 0 20 19 18 17 16

042016
101515

Project Coordinator: Jared Siemens
Spanish Editor: Translation Cloud LLC
Art Director: Terry Paulhus

Weigl acknowledges Getty Images and iStock as the primary image suppliers for this title.